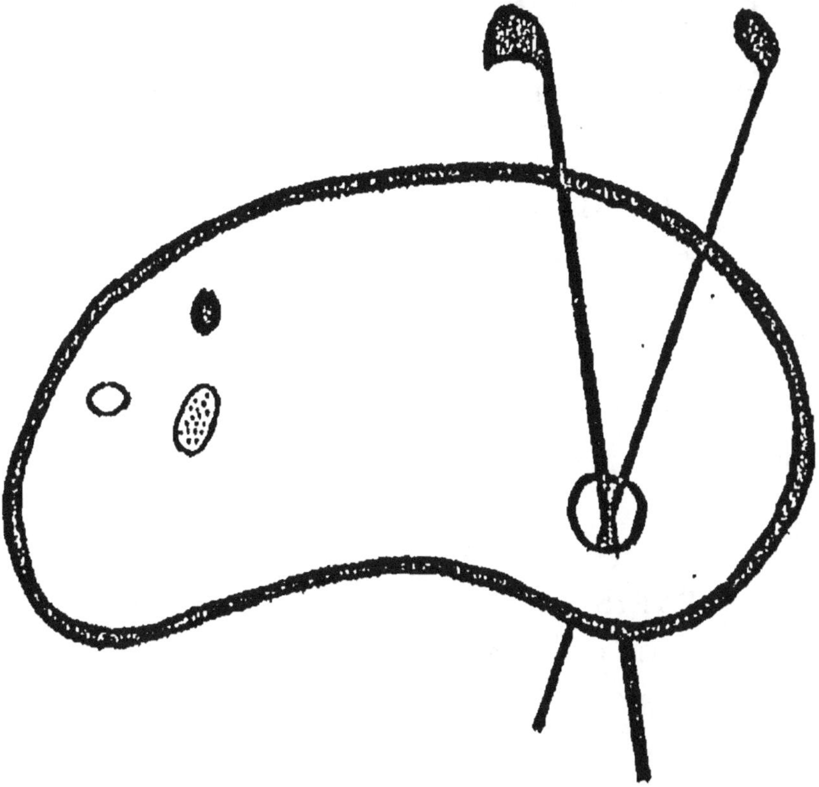

DEBUT D'UNE SERIE DE DOCUMENTS
EN COULEUR

TANGU
ET
FÉLIME

POEME EN IV CHANTS

PAR

M. DE LA HARPE

De l'Académie française

PARIS
CHEZ PISSOT, LIBRAIRE
QUAI DES AUGUSTINS

1780

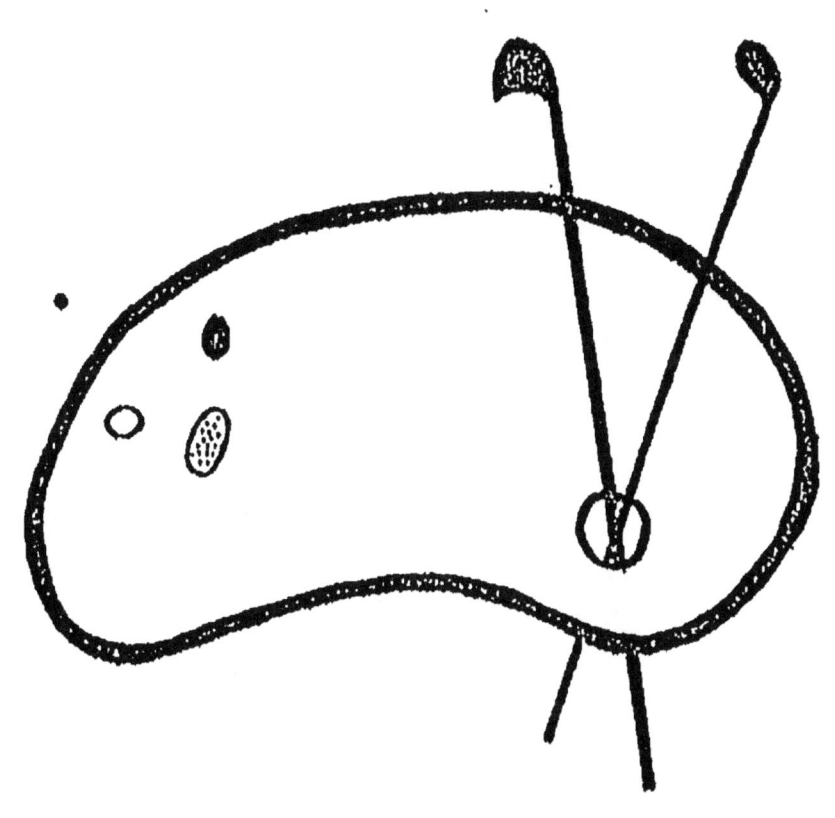

FIN D'UNE SERIE DE DOCUMENTS EN COULEUR

TANGU ET FÉLIME

TANGU
ET
FÉLIME

POËME EN IV CHANTS

PAR

M. DE LA HARPE

De l'Académie française

PARIS
CHEZ PISSOT, LIBRAIRE
QUAI DES AUGUSTINS

1780

AVERTISSEMENT

Ce Conte qui fait partie du Roman de Fortunatus, célèbre dans la Bibliothèque Bleue, est tiré originairement des Historiettes que les Romanciers Provençaux ont empruntées des Arabes. On lui donna une nouvelle forme dans *les Aventures d'Abdalla,* espèce de Roman merveilleux dans le goût des *Mille et une Nuits,* qui fut publié en 1713, et qui passa pour être un ouvrage de la jeunesse de l'Abbé Bignon. Le fond de ce Conte m'a paru plaisant, et je n'y ai changé que quelques circonstances. Je l'abandonne, ainsi que tout le reste, à ceux qui jugent les bagatelles comme des ouvrages sérieux, et les ouvrages sérieux comme des bagatelles.

TANGU
ET
FÉLIME
POËME EN QUATRE CHANTS

CHANT PREMIER

LA BOURSE ET LE REGARD

Le Peuple Arabe est un Peuple conteur;
J'aime ces *Nuits* dont il est l'inventeur.

L'antique esprit de sa Chevalerie,
Et ses tournois et sa galanterie,
Chez l'Ottoman son trône transporté,
Tout a péri : ses Contes ont resté.
J'avouerai bien qu'il n'en fallait pas *mille*
Pour convertir le Sultan imbécile;
Que Dinarzade, en réveillant sa sœur,
Peut quelquefois endormir le Lecteur.
Il faut savoir aux Indes, comme en France,
Qu'ennui souvent peut naître d'abondance.
Mais cependant en sa profusion
On reconnaît l'Imagination,
Folle, il est vrai, mais pourtant amusante;
Et de ses jeux la richesse brillante,
De la morale embellit les leçons.
Les Troubadours, dans leurs vieilles chansons,
Ont imité l'Espagne et l'Arabie;

CHANT I

De *Fabliaux* l'Europe fut remplie.
J'en ai tiré l'histoire rajeunie
En notre temps, par un moderne Auteur,
Qui valait bien Galland le Traducteur.
Du bon Tangu l'aventure notoire
Prouve combien l'on peut en faire accroire
A qui se prend au doux parler d'amour;
Mais que la fourbe est sujette au retour.

Je dois encore avertir que ma Muse,
Tout en rimant ce Conte qui l'amuse,
En tout ceci n'a rien imaginé;
Je vous le rends comme on me l'a donné.
Que si je peins femme par trop perfide,
Ce n'est à moi qu'il le faut imputer,
Mais à l'Auteur qui m'a servi de guide.
Loin que je veuille à ce sexe insulter,

Je suis à lui : de mon sort il décide;
Et quelque jour, moins faible et moins timide,
Ma voix peut-être osera le chanter.
Quant à présent un autre soin m'occupe,
Je dois vous peindre un amant qui fut dupe,
Non toutefois avec impunité :
Voilà mon conte et sa moralité.

Tangu vivait dans Alep en Syrie,
Fils d'un Marchand et riche et de renom ;
Il se sentit quelque tentation,
Vers dix-huit ans, de quitter sa Patrie,
De voyager. « Que gagne-t-on chez soi ?
« (Se disait-il). Est-un sort fait pour moi
« De végéter au fond de ma Province ?
« Je veux aller à la Cour d'un grand Prince,
« Et s'il se peut, moi-même m'agrandir. »

Il confia son dessein à son père,
Le vieil Hanif, qui fut loin d'applaudir
A ce projet. « Tu veux courir la terre,
« Aller bien loin? le bonheur est bien près,
« Mon fils (dit-il); malheur à qui s'ennuie
« Dans son logis : c'est une maladie.
« Joie en partant, et bientôt les regrets.
« Pars toutefois : jeunesse a ses licences,
« Et ne s'instruit qu'à force d'imprudences.
« On ne retient celui qui veut s'enfuir.
« Pars, tu le peux; vas; mais pour ton voyage
« Ne compte pas de mon bien faire usage.
« Tu n'auras rien, rien, et pour tout bagage
« Reçois de moi cette bourse de cuir.
« Je ne veux pas que par ta fantaisie
« Tout mon labeur se dissipe en folie.
« Prends cette bourse, et le ciel fasse encor

« Qu'entre tes mains elle soit un trésor !
« ...Mais un trésor plus précieux peut-être,
« Un bon conseil, si tu sais le connaître,
« Si tu le suis, si rien ne t'en distrait,
« C'est de garder ton cœur et ton secret. »

Demeuré seul, rêveur, assis sur l'herbe,
« Plaisant trésor, disait Tangu tout bas,
En murmurant dans son triste embarras.
« Hanif me fait un présent bien superbe !
« Et sans argent où peut-on faire un pas ?
« Comment partir ? Me voilà sans ressource. »
Tout en parlant, il regarde la bourse,
Et la retourne en ses derniers replis,
La développe et lit ces mots écrits :
Combien d'argent te faut-il ? « La merveille
« Serait plaisante en mon besoin urgent;

« (Dit-il tout haut); mille pièces d'argent...
« Ciel! est-il vrai? Je doute si je veille. »
Le cuir tout plein, enflé subitement,
Glisse, s'échappe, et tombe lourdement.
De beaux écus la terre est parsemée.
Tangu les voit, et n'en croit pas ses yeux.
Il renouvelle en son transport joyeux,
L'heureux essai dont son âme est charmée.
Même souhait, même succès encor,
Et le voilà chargé d'argent et d'or.
Sans différer, il se met en voyage,
Prend son chemin vers les murs de Damas.
Grâce à la bourse, il fut en équipage,
En arrivant, parut, fit grand fracas.
Un train superbe, un nombreux domestique,
Et l'attirail du faste Asiatique,
Il avait tout : il avait de l'argent,

La Cour lui fit un accueil obligeant.
Chacun croyait, à sa magnificence,
Qu'il déguisait son nom et sa naissance,
Qu'il était fils de Prince ou d'Empereur;
Et l'inconnu profitant de l'erreur,
S'ennoblissait par un air de mystère :
Femme n'était si modeste ou si fière,
Qui ne formât dans le fond de son cœur
Le vœu secret d'en faire son vainqueur,
Et le projet de l'avoir la première.
Toutes avaient pour lui des sentimens :
Toutes du moins recevaient ses présens.
Il négligea ces conquêtes communes,
Et ce qu'on nomme ici bonnes fortunes.
Vous l'admirez : quoi! sage à dix-huit ans!
N'admirez point : il aimait. Qui? Félime.
Dans ses amours prenant un vol sublime,

Ambitieux et tendre en même tems,
Il soupirait pour le sang des Sultans.
Félime était fille de Ben-Al-Tans,
Roi de Damas; et les dons éclatans
Que prodiguait Tangu pour sa Maîtresse,
Prirent crédit sur l'avare vieillesse
De ce Soudan; mais l'altière Princesse
N'en tenait compte, et rebutait les vœux
Du beau Tangu, riche, jeune, amoureux.
Pour subjuguer cet orgueil indomptable,
Il eut tari la bourse intarissable,
S'il l'avait pu. Nos fastueux Fouquets,
Nos Financiers, d'O, Sancy, Bourvalais,
N'auraient paru que ses humbles valets;
Luxe d'Europe, il ne faut qu'on le nie,
Est fort mesquin devant celui d'Asie.
Vous concevez comment dut en user

Jeune homme épris qui n'avait qu'à puiser.
Il n'était bruit à la Cour de Syrie,
Que de l'éclat de sa galanterie.
Un éléphant des forêts de Bantam,
Proche parent de celui de Siam,
Qui relevait sous sa housse éclatante
La gravité de sa marche pesante,
Vint un matin apporter au palais
De la Princesse, un de ces cabinets
D'un noir luisant, incorruptible ouvrage,
De tous les arts précieux assemblage,
Où le pinceau nuançant les couleurs,
A diapré la gomme vernissée,
Que fit couler de sa tige blessée
L'arbre dont l'Inde a recueilli les pleurs.
Les diamans à pointes rayonnantes,
Les beaux rubis, les topases brillantes,

Taillés en fruits, en bagues, en miroirs,
Du cabinet remplissaient les tiroirs;
Et l'éléphant chargé de cette pompe,
Portait encore un billet dans sa trompe,
Billet galant, écrit sur du vélin,
Et proprement plié dans du satin.
Ici l'Amour n'est pas si magnifique;
En Orient c'est ainsi qu'il s'explique.
Un éléphant avec tel billet doux !
Cela valait au moins un rendez-vous.
Tangu pourtant n'eut qu'une rebuffade.
Mais le Sultan charmé de l'ambassade,
Trouva, dit-on, cette humeur fort maussade.
Il exigea qu'on vît avec douceur
De ces trésors le noble possesseur.
Fille a par fois plus d'esprit que son père.
Vous allez voir qu'elle avait ses raisons.

Félime avait conçu quelques soupçons.
Cette opulence et ce profond mystère
L'inquiétaient : c'était alors le tems
De la féerie et des enchantemens,
Et des *anneaux*, des *lampes merveilleuses*.
De l'étranger les richesses pompeuses
Tenaient peut-être à quelques Talismans.
Or en ce cas, la maligne Princesse
Avait juré de s'en rendre maîtresse,
Et prétendait affermir son pouvoir
En différant de donner de l'espoir.
C'était beaucoup en savoir pour son âge;
Félime avait dix-sept ans tout au plus;
Mais toute femme a cet art en partage?
Le seul instinct leur apprend ces refus,
Qui font encor qu'on aime davantage,
Quand elle crut pouvoir tout hasarder,

CHANT I

Et que Tangu pouvait tout accorder,
Elle le vit d'un regard moins sévère,
Et s'excusant de sa rigueur première ;
« Ce que Tangu, dit-elle, a fait pour moi,
« Est au-dessus des richesses d'un Roi.
« C'est vainement qu'il s'obstine à se taire,
« Et son destin ne peut être vulgaire.
« Je sais priser ses dons et son amour,
« Et porte un cœur capable de retour.
« Mais que penser de cette défiance,
« Qui de son sort m'ôte la connaissance ?
« Qu'avec tout autre il veuille être discret,
« Il a raison : je louerai sa prudence ;
« Mais dans l'amour règne la confidence ;
« Si j'ai son cœur, il me doit son secret.
« Quelle est enfin cette source invisible
« D'une dépense aux Rois même impossible ?

« Je n'ai pas dû si long-tems l'ignorer;
« Et s'il dit tout, il peut tout espérer. »
Qu'elle était belle en tenant ce langage!
Quelle rougeur animait son visage!
Que tendrement son regard désarmé
Disait : un mot, et vous êtes aimé!
Est-il héros qu'à ce piége on ne prenne?
Témoin Samson et de nos jours Turenne.
Félime encore avait pour elle un point
Bien important : c'est qu'elle n'aimait point.
Il est reçu que femme à qui l'on donne,
Pour l'ordinaire en devient plus friponne.
Pour la Princesse, elle l'était si bien,
Qu'en un besoin elle eût trompé pour rien.
Non, tant d'astuce et tant de félonie,
Je le crois bien, n'est pas de ce pays;
C'est proprement un monstre d'Arabie;

CHANT I

Je ne crois pas qu'il s'en trouve à Paris.
Tangu fut pris : il se laissa séduire
A ce coup d'œil, à ce premier sourire,
Eclos pour lui comme le plus beau jour,
Qui cachait l'art et qui montrait l'amour.

Il avoua la bourse et le prodige.
« Se pourrait-il ? N'est-ce point un prestige?
« Vous me trompez. » Et lui d'en faire voir
Par des effets le merveilleux pouvoir.
« Je veux tenter cette épreuve charmante,
« (Dit la Princesse) et n'en croire que moi.
« Donnez, donnez. » Qui peut prendre sur soi
De résister à la main d'une amante ?
Elle saisit, en riant aux éclats,
Le cuir magique, elle fuit et l'emporte,
Court s'enfermer sous une triple porte;

Tangu l'appelle en courant sur ses pas,
Et ne pouvant en craindre davantage,
Il attendait la fin du badinage :
Il attendait, quand sur la fin du jour
Un Bostangi vint avec politesse
Le supplier de quitter ce séjour.
Depuis ce temps il ne vit la Princesse
Qu'en lieu public : de son premier accueil
Elle reprit la froideur et l'orgueil.
De jour en jour Tangu se désespère,
Cherche un accès qu'il ne peut obtenir.
On n'a point fait de perte plus amère ;
De ses grandeurs le songe allait finir,
Son opulence était soudain tarie.
Félime a pris son unique trésor ;
Car se fiant sur la bourse chérie,
Il n'avait fait amas d'argent ni d'or.

Quelle cassette à double fermeture
Valait la bourse? — Et si par aventure
Elle se perd? — Oui, c'était le seul cas
Qu'il dût prévoir, et qu'il ne prévit pas.
Qui prévoit tout? Et quand, dans quelle affaire
Fait-on jamais tout ce que l'on doit faire?
Tangu gémit : un mortel désespoir
D'être trompé, le tourment de décheoir,
Le repentir, les regrets et la honte,
Des Intendans qui présentaient leur compte...
« Allons, dit-il, abandonnons ces lieux,
« Fuyons Félime et ces murs odieux
« Où m'a trahi cette femme perfide.
« De mon bonheur l'instant fut bien rapide!
« Il est passé, mais peut renaître encor.
« Hanif peut-être avait plus d'un trésor.
« Il n'en est plus qu'un pour moi, la vengeance.

« Ah! s'il pouvait m'en donner les moyens,
« Oui, je croirais retrouver tous les biens
« Que m'a ravis ma fatale imprudence...
« Allons le voir. » Tangu prend son parti.
Un beau matin, sans valet, sans escorte,
Et s'évadant par une fausse porte,
Il quitte tout, et le voilà parti.

FIN DU PREMIER CHANT.

CHANT II

LE CORNET ET LE BAISER

Il est amer de conter ses sottises;
Et c'est par-là qu'il fallut commencer.
Hanif l'écoute, et sans se courroucer
Dit : « Voilà donc tes belles entreprises !
« On conduit mal la double passion
« Et de l'amour et de l'ambition.
« Il faut opter, et des deux choisir l'une.
« Tu me parus épris de la fortune,
« Et dans tes mains j'ai déposé, je crois,
« Ce qu'il fallait pour t'égaler aux Rois.
« J'avais reçu ce Talisman d'un sage,

« Et le conseil de n'en point faire usage.
« Je le suivis : je conçus le danger
« Où ce présent me pouvait engager,
« Si l'œil jaloux, si la haine qui veille
« En découvrait la secrette merveille ;
« Et je pensai ce que je pense encor,
« Que le travail est un plus sûr trésor.
« Ce fut le mien : un commerce prospère
« Fait que mes biens ont surpassé mes vœux.
« J'ai vu bientôt tes désirs orgueilleux
« Te dégoûter de l'état de ton père.
« Tout homme est né l'esclave du destin.
« Je t'ai laissé suivre un autre chemin,
« Et loin de moi courir les aventures.
« Je t'ai donné ces richesses peu sûres,
« Comme tu vois, et qui t'ont mal servi.
« Ton cœur ardent, par l'amour asservi,

« S'est pris aux lacs tendus par la friponne
« Qui te trahit, te vole, t'abandonne.
« Si la vengeance est ton premier désir,
« Je puis encor t'assurer ce plaisir.
« Cet enchanteur de science profonde,
« Joignit au don de la bourse féconde
« Cet instrument, et son art souverain
« Grava ces mots sur ce cornet d'airain :
« *Combien veux-tu de soldats ? dis, et sonne.*
« Avec ce cor que ton père te donne,
« En un moment, de cent mille soldats
« Tu peux couvrir les plaines de Damas,
« Raser ses murs, et voir en ta puissance
« Damas, son Roi, Félime et la vengeance. »

Tangu repart, sonne, avance, et soudain
De combattans le plus terrible essaim

Presse les murs d'un bras infatigable.
Sur les remparts, courant, le fer en main,
Les assiégés les repoussent en vain,
Et cette armée était invulnérable.
Le Roi surpris, et ne comprenant pas
Quels ennemis inondaient ses États,
A quel dessein, pourquoi, pour quelle offense,
Sans nul appui, sans espoir, sans défense,
Va, pour sauver et son peuple et Damas,
De son vainqueur implorer la clémence.
Dans l'appareil qui convient au vaincu,
Il sort, menant son épouse et sa fille,
Et tous les siens, suppliante famille :
On les conduit aux tentes de Tangu.
Le bon Soudan le regarde et s'écrie :
« Eh quoi ! c'est vous, c'est vous dont la furie
« Attaque ainsi mon trône et mon pays?

« Et contre vous, Seigneur, qu'ai-je commis?
« Suis-je puni de fautes que j'ignore?
« Puis-je du moins les réparer encore?
« Vous me voyez à vos ordres soumis.
« Ou si mon sang peut seul laver mon crime,
« Me voilà prêt, prenez votre victime. »

Tanou voulait cacher son embarras.
Il l'écoutait, et ne l'entendait pas :
En l'écoutant, il regardait Félime.
Elle était là : ses yeux, quoique baissés
Modestement, ont reconnu sa dupe,
Et démêlé le trouble qui l'occupe.
Dans ses regards elle a lu, c'est assez.
Elle tremblait, ce moment la rassure :
De son pouvoir elle est encore sûre.
Elle l'a vu rougir, se détourner.

C'est vainement qu'il veut la condamner.
L'amour renaît à l'instant qu'il menace ;
Qui veut punir est prêt à faire grâce.
Félime règne ainsi qu'elle a régné.
Il n'avait pu résister à sa vue,
Et, pour cacher cette atteinte imprévue,
Sans rien répondre, il s'était éloigné.
Il se rappelle, en son cœur indigné,
Combien il doit la trouver criminelle ;
Mais il est maître et de son père et d'elle,
Et quel que soit le plaisir de gronder
Et de confondre une amante infidelle,
Il est plus doux de se raccommoder.
Tangu déjà reprend ses espérances,
Et tout amant court après ses avances.
Il reparaît, agité, combattu,
Fait relever le Monarque abattu,

Et sans vouloir expliquer sa pensée,
Ni les chagrins de son âme offensée,
En attendant, il ordonne un festin,
Présage heureux de paix et d'allégresse.
Le Roi pourtant de son sort incertain,
Reste muet : tout se tait. La Princesse
Ose parler : « Si devant un vainqueur
« Quelque défense est jamais légitime,
« S'il l'admettait, on lui pourrait, Seigneur,
« Prouver combien le courroux qui l'anime
« Est contre nous injuste en sa rigueur. » —
« — Félime au moins ne doit pas l'entreprendre. »
Disant ces mots, il tremblait tellement,
Il avait l'air si timide, si tendre !...
Pour l'achever : « — Quoi ! dit-elle, un amant
« A-t-il si-tôt condamné sa maîtresse ?
« Pour m'assurer des sentimens du mien,

« Pour éprouver jusqu'où va sa tendresse,
« Il me fournit un innocent moyen.
« Je me permets un simple badinage,
« Et, là-dessus, sans examiner rien,
« Il m'abandonne ; et courant au carnage,
« Il ne revient que comme un assassin,
« Armé du fer prêt à percer mon sein !
« D'un tel transport, d'une telle vengeance,
« Si j'avais pu prévoir la violence,
« Je n'aurais pas allumé le courroux
« Dont nous sentons de si funestes coups.
« J'ai mal connu la main qui m'a frappée;
« Hélas! sur vous je m'étais bien trompée! »
Elle s'arrête, et Tangu vit tomber
Des pleurs charmans qu'on voulait dérober.
Eh! quelle femme a tort quand elle pleure!
Il demeurait en silence et confus.

Le Roi se lève : « Allons, n'en parlons plus.
« Quoi qu'elle ait fait, (dit-il) je peux sur l'heure
« Tout réparer : je mets entre vos mains
« Cette coupable ainsi que nos destins;
« Et si l'amour pour elle parle encore,
« S'il vous permet un choix qui nous honore,
« Un nœud sacré va nous unir à vous;
« Demain, Seigneur, vous serez son époux. —
« — Dès aujourd'hui, dit aussitôt la Reine.
« Ma fille est trop heureuse, et je suis vaine
« D'avoir pour gendre un si vaillant guerrier. —
« — Oui, dit le Roi, soyez mon héritier.
« Puis-je jamais en désirer un autre!
« Venez, ma Cour est désormais la vôtre. »
Quel est l'amant qui n'eût été charmé
D'offre semblable? Enfin donc il possède
Dans peu d'instans cet objet tant aimé!

Tout est d'accord, tout se conclud : il cède,
Quitte son camp, suivi de peu des siens,
Entre à Damas, et tous les citoyens,
Qui du vainqueur croyaient être la proie,
Passent soudain des douleurs à la joie.
C'était du moins bien doucement tromper
Ce pauvre peuple : attendant l'esclavage,
Les cruautés, les horreurs du pillage,
Il crut périr, et voit qu'on va souper.
Dans les jardins en hâte l'on apprête
Un grand repas, la pompe d'une fête.
L'air se parfume, et par-tout aux rameaux,
Sont suspendus les odorans flambeaux,
Dont les clartés, malgré la nuit obscure,
Ont reproduit le jour et la verdure.
L'or brille, et l'eau jaillit de toute part.
Mais tout entier aux soins de sa tendresse,

L'heureux Tangu ne voit que la Princesse.
Après souper, la tirant à l'écart,
Lorsqu'on dansait pour finir la journée,
Déjà pressé de ses droits d'hyménée,
Il la pressait : « Je suis trop fortunée;
« Je suis à vous, dit-elle; mais quel art
« Peut opérer ces étranges merveilles?
« On n'en vit point jusqu'à vous de pareilles.
« Ces bataillons, qui par enchantement
« Ont sous nos murs paru subitement,
« Ce camp dressé, cette invincible armée!...
« Quelle puissance! Ah! Seigneur, je le vois,
« Tout l'Univers obéit à vos loix,
« Et la Nature à votre ordre est armée.
« Non, je n'ai pas un mortel pour époux :
« Il est bien plus : que mon cœur est jaloux
« De partager ces hautes connaissances,

« De posséder ces sublimes sciences!
« Si Tangu m'aime, et s'il fait son devoir,
« Avec sa main j'obtiendrai son pouvoir.
« Ah! cher époux... » Félime était penchée
Sur son amant, et s'était approchée
Si près, si près, que prenant un baiser,
S'il ne l'eût pris, c'était le refuser.
Et quel baiser! On le sait quand on aime.
Il devint fou. « Je serais bien ingrat,
« (Dit-il), ô vous, la moitié de moi-même,
« S'il se pouvait que mon cœur différât
« De vous complaire et célât quelque chose
« Au tendre objet qui de mes sens dispose.
« Tout mon pouvoir n'est que dans ce cornet. »
Il en indique et l'usage et l'effet.
« Ah! montrez-moi cet instrument si rare! »
Et la Princesse en criant s'en empare,

L'embouche, et veut que cent mille soldats
Viennent soudain défendre ses États.
Le charme agit : un nouveau camp remplace
Le premier camp laissé devant la place ;
Et les jardins, les murs en même tems,
Sont inondés de nouveaux combattans.
Ceux de Tangu venaient de disparaître.
Du Talisman, lorsqu'il changeait de maître,
Le premier charme était soudain détruit,
Et sur le champ un autre était produit.
Tangu n'eut pas le loisir de se plaindre ;
Il voyait trop ce qu'il avait à craindre.
Saisi, troublé, dans l'ombre de la nuit,
Hors des remparts, il s'échappe et s'enfuit.

« Oh ! pour le coup la sottise est extrême.
« Que l'on soit dupe une première fois,

« Passe, mais deux ! » Eh ! vous le seriez trois,
Vous qui parlez, si vous aimiez de même.
Et le baiser, pouvez-vous l'oublier ?
Songez-vous bien que c'était le premier ?
Ah ! mes amis, s'il faut se défier
D'un tel moment, de ce plaisir suprême
Pris, savouré sur la bouche qu'on aime,
S'il faut rester sous le tranquille appui
De sa raison, en conserver l'usage,
Si c'est ainsi que l'on peut être sage,
J'aime encor mieux être fou comme lui.

FIN DU SECOND CHANT.

CHANT III

LA CEINTURE ET LE LIT

Vous avez vu ces minois agaçans,
Au doux sourire, aux regards caressans,
Dont le tour fin, dont le piquant ensemble,
En variant les grâces qu'il rassemble,
Peint la gaîté, le folâtre plaisir,
L'amour enfant, le talent de jouir ;
De qui l'humeur, à-la-fois tendre et folle,
D'un rien vous charme, et d'un rien vous désole,
Trompe l'espoir, et nourrit le désir,
Montre l'instant sans le laisser saisir,

Boude et caresse, avec transport se livre
A tous les jeux dont un amant s'enivre,
Et quand il croit les avoir goûtés tous,
Promet encore un lendemain plus doux.
Voilà Félime : il faut encore y joindre
Un petit nez, mais un nez fait au tour,
Nez retroussé comme le veut l'amour,
Nez qui promet... Ce n'était pas le moindre
De ses attraits; et l'amant éconduit
Qui tour-à-tour et par la même adresse
S'est vu ravir et puissance et richesse,
De tous les biens dont le charme est détruit,
Ne regrettait que sa première nuit.
Je le conçois : ce n'est pas même chose,
Que de mener au lit qu'amour dispose
Jeune beauté dont nos sens sont ravis,
Ou retrouver son vieux père au logis,

Père irrité, qui même a droit de l'être.
Le fils tremblant à peine osait paraître,
Et tout honteux, il tombe à ses genoux.
Pour cette fois, plein d'un juste courroux,
Hanif s'emporte; il refuse d'entendre
Cet insensé que rien n'avait pu rendre
A la raison, au bonheur, et qu'enfin
Sa propre faute avait instruit en vain.
Que produisit pourtant cette colère?
Contre son fils Hanif se déchaîna,
Gronda bien fort, et puis il pardonna ;
Et n'est-ce pas pour cela qu'on est père?
« Hélas, dit-il, ce qui me reste encor
« N'est presque rien, près du double trésor
« Qui t'assurait, sans ton extravagance,
« Des Souverains la gloire et la puissance.
« De l'or, du fer! que peut-on comparer

« A ces deux Rois de toute la Nature !
« Mais cependant, avec cette ceinture,
« Tu peux encor, tu peux tout recouvrer ;
« Et prudemment si tu sais te conduire,
« Pour tout ravoir un instant peut suffire.
« Mets-la sur toi ; tu n'as qu'à souhaiter,
« Et sur le champ tu te vois transporter
« Où tu voudras. Vas, fais-en bon usage.
« Je crois qu'enfin il est tems d'être sage,
« Si tu peux l'être. Au moins ressouviens-toi
« Qu'il ne faut plus rien espérer de moi.
« Songe qu'après le cornet et la bourse,
« C'est là, mon fils, ta dernière ressource.
« C'est le dernier présent que je te fais :
« Si tu le perds, ne me revois jamais. »

Tangu promet tout ce qu'on veut ; il jure

Que désormais, s'il peut revoir encor,
Ce traître objet, cette beauté parjure,
C'est pour reprendre et la bourse et le cor,
Pour la punir, pour venger son outrage,
Et lui montrer un mépris éclatant.
Qui n'en a pas juré cent fois autant?
Qui n'a pas fait le serment d'être sage,
Maître de soi, de n'être dupe en rien,
Comme Memnon, qui s'en trouva si bien?
Les reins déjà serrés de sa ceinture
A triple tour, pour la rendre plus sûre,
Tangu rend grâce à son père, au destin,
Attend la nuit, propice à son dessein.
Tout palpitant de l'espoir qui l'anime,
Il a nommé la chambre de Félime,
Et l'y voilà. Ce secret est bien doux,
Et c'est celui dont je serais jaloux.

Je n'ai besoin des trésors du Potose,
Et n'ai jamais aspiré, que je crois,
A subjuguer des États, ni des Rois;
Mais que l'amour qui de mon cœur dispose,
M'a fait, hélas! souhaiter bien des fois
De pouvoir être à toute heure, à mon choix,
Près de l'objet dont j'adorais les loix!
Cette féerie est bien charmante chose.
Tangu se voit porté dans un moment
Auprès du lit où fort tranquillement
Dans ses rideaux reposait enfermée
Cette beauté qu'il avait trop aimée.
Tout dort près d'elle, et la cire allumée
Éclaire au loin ce vaste appartement;
De ses vapeurs l'alcove est parfumée;
Tout est nouveau pour les yeux d'un amant.
Le cœur lui bat... d'amour ou de colère?

Lequel des deux? Je ne sais; ce séjour
Émeut ses sens d'un trouble involontaire.
Le lieu, l'instant et ce lit solitaire...
Mais il résiste; il se souvient du tour,
Du tour perfide!... Il se souvient d'un père;
Il s'encourage, et tire les rideaux;
Non toutefois comme un amant timide
Que l'on attend, que l'espérance guide
De vers minuit, à l'heure du repos,
Au rendez-vous : touchant la terre à peine,
Il craint son ombre et retient son haleine,
Vingt fois se tourne et s'arrête en chemin,
Avance un pied, puis un autre, et sa main
Cherche à tâtons le lit où son amante
Plus agitée encore et plus tremblante,
L'entend venir et l'appelant tout bas,
Demi-levée et lui tendant les bras,

En l'embrassant lui rend son assurance,
Reste immobile et jouit en silence :
Tangu s'annonce avec plus de fracas.
« Qui donc est là? Quel bruit se fait entendre? »
Dit la Princesse éveillée à moitié.
« — C'est un amant trahi, sacrifié,
« Qui veut son bien et qui vient le reprendre;
« Çà, qu'on me rende et la bourse et le cor.
« — C'est vous! ô ciel! je vous revois encor!
« C'est vous, Tangu!... vous vous faites attendre,
« Et m'annoncez un étrange retour.
« Que dans la nuit, que tout seul à cette heure,
« Vous ayez pu pénétrer ce séjour,
« Et m'apparaître ainsi dans ma demeure,
« C'est de votre art sans doute un nouveau tour,
« Et rien de vous ne doit plus me surprendre.
« Mais quoi qu'enfin vous veniez entreprendre,

« Vous auriez pû respecter mon repos,
« Mon rang, mon sexe, ou tenir un langage
« Un peu plus doux. Ai-je un nouvel outrage
« A craindre ici? » Tout en disant ces mots,
Et par degrés sortant de sa surprise,
A son séant Félime s'était mise,
Dans le désordre ordinaire au sommeil :
Elle brillait des couleurs du réveil,
Et laissait voir sa gorge presque nue,
Dont la frayeur semblait en ce moment
Précipiter le tendre mouvement.
Tangu dont l'ame, à cet objet charmant,
Est malgré lui de quelque trouble émue,
En cet état ne l'avait jamais vue.
Il fut touché. Tout homme à cet aspect
Doit l'être un peu. « Je puis avec respect,
« Je puis au moins redemander, Madame,

« Ce qu'abusant de ma crédule flamme,
« Vous m'avez pris. — Comment ! revenez-vous
« Pour m'insulter, pour m'annoncer en face
« La trahison, la fuite d'un époux ?
« Pour mettre ainsi le comble à ma disgrâce ? —
« — Mais vous, Madame, avez-vous oublié
« Le tour sanglant ? — Vous me faites pitié,
« Vous avez fait l'action la plus lâche...
« Quoi ! c'est donc-là, Seigneur, ce qui vous fâche ?
« J'ai fait venir des soldats près de nous ;
« Belle raison pour me faire querelle ?
« Belle raison pour me fuir !... Infidèle !
« Tous ces guerriers n'étaient-ils pas à vous,
« Comme le cor et la bourse et Félime ?
« Félime, ingrat !... Allons, vite, à genoux,
« Demandez grâce, avouez votre crime...
« Mais je vous vois, vous êtes mon époux,

« Et je pardonne : eh bien, plus de courroux.
« La paix est faite : allons, asseyez-vous,
« Mettez-vous-là. » Ce mot était si doux,
Et cette voix était si séduisante,
Et cette main était si caressante,
Et cette gorge était si blanche!... Enfin
Il faudrait être ou de marbre ou d'airain
Pour y tenir : il eut l'ame moins dure.
Il crut l'amour, il crut être vainqueur.
Il tombe aux pieds de Félime... « Eh! Seigneur,
« Que faites-vous d'une telle ceinture
« De cette informe et grossière parure ?
« Défaites-vous de cet accoutrement,
« Vous avez l'air d'un Derviche. — Ah! Madame,
Dit-il, cédant aux transports de son ame,
« N'en dites point de mal : quel ornement
« Peut la valoir ? Je lui dois ce moment,

« Moment sans prix!... » Il conte en son ivresse
Quel charme heureux a servi sa tendresse,
Et quel en est le pouvoir ? La Princesse
Sans dire mot, l'attire doucement,
Et dans ses bras la traîtresse l'enlace,
De sa ceinture enfin le débarrasse
Subtilement, autour d'elle la passe.
Il ne voit rien, ne sent rien.... O disgrace !
O tour affreux que peut-être on prévoit,
Et que pourtant avec peine on conçoit !
Tangu déjà touche au bonheur suprême,
Quand tout-à-coup cet amant éperdu
Se sent de force arracher ce qu'il aime.
Le malheureux, interdit, confondu,
Embrasse l'air, et s'agite, et s'écrie,
Presse le lit dans sa vaine furie...
Félime a fui, Félime est dans l'instant

Près de son père, éveille le Sultan,
Gardes, valets : Tangu qui les entend,
Gagne au hasard une secrette issue,
La suit et court; à force de courir,
Se trouve enfin au détour d'une rue,
Et sort des murs, résolu de mourir,
Et n'ayant plus d'autre espoir à prétendre.
J'approuve fort sa résolution;
Lorsque l'on a semblable occasion,
Et qu'on la manque, il faut aller se pendre.

FIN DU TROISIÈME CHANT

CHANT IV

LES FIGUES ET LE NEZ

Non loin des champs où s'élève Damas,
Est un désert stérile, inhabitable,
Séjour formé pour l'œil d'un misérable.
Le voyageur surpris dans ces climats,
Frappé des feux de l'astre qui l'accable,
Foulant un sol embrâsé sous ses pas,
N'apperçoit rien dans cette terre affreuse
Qu'une étendue aride et sablonneuse.
Là, le Céraste, au soleil étalé,
Glisse en sifflant sur un sable brûlé.

Nul filet d'eau n'y rafraîchit l'arène ;
Nul arbrisseau n'y console les yeux.
Noir de serpens, un marais écumeux
De ses vapeurs infecte au loin la plaine.
C'était pourtant dans ces horribles lieux,
Qu'en proie aux traits d'un désespoir funeste,
Marchait Tangu, désolé, furieux :
Il se maudit, s'accuse, se déteste.
Dans ce désert, guidé par la fureur,
Il le parcourt, et n'en voit point l'horreur.
Préoccupé de sa douleur profonde,
Il poursuivait sa course vagabonde.
Car vous savez que dans cet état-là,
On va toujours sans songer que l'on va.
Le jour baissait, et la nuit était proche ;
Le malheureux sous l'abri d'une roche
Tombe et s'endort. Le sommeil quelquefois

Vient soulager la nature aux abois;
Et l'homme ainsi, lorsqu'à ses maux il cède,
Trouve en lui-même un facile remède,
Mais passager; car on s'éveille enfin.
En s'éveillant, Tangu sentit la faim,
La soif de plus : il se crut à sa fin,
Et d'un poignard, sa ressource dernière,
Il méditait d'abréger sa misère.
Mais par bonheur, en relevant les yeux,
Il se voit près de deux figuiers sauvages
Qui sur sa tête inclinant leurs feuillages,
Lui présentaient leurs fruits délicieux.
« Hélas! dit-il, c'est un présent des cieux,
« A mes besoins ils semblent satisfaire;
« C'est le dernier repas que je vais faire;
« Je n'en mourrai pas moins. » L'infortuné
Cueille ces fruits dont le suc salutaire

En même tems nourrit et désaltère,
Ouvre une figue et l'avale : son né
Grandit d'un pied. La faim qui le dévore
L'occupant seul, il cueille et mange encore,
Sans se douter de ce qu'il a gagné,
Tant que son nez s'étendant davantage,
S'embarrassait déjà dans le branchage.
C'en était trop : « Il faut que je sois né
« Sous un aspect de sinistre influence!
« S'écria-t-il; ce malheureux repas
« Est ma dernière et seule jouissance;
« Et cette étrange et hideuse excroissance
« En est l'effet! Quoi! je ne pourrai pas,
« Quand je me meurs de soif et de fatigues,
« A mon plaisir manger au moins des figues?
« N'importe; allons, quel que soit l'embarras
« Et le fardeau de ce nez sans mesure,

CHANT IV

« Goûtons encor de cette nourriture
« Qu'un sort malin sans doute vient m'offrir;
« Qu'importe un nez, lorque l'on veut mourir?
« Dans ce désert qui viendra voir le nôtre?
« Ce figuier est charmé : peut-être l'autre
« Ne l'est-il pas... poursuivons mon festin. »
Et de l'autre arbre aussitôt il s'approche,
Tenant son nez, de peur qu'il ne s'accroche,
Cueille une figue et la mange : soudain
Le nez décru s'échappe de sa main,
Plus court d'un pied. Ravi de la merveille,
Il tente encore une épreuve pareille.
A chaque figue, un pied de moins : le né
En son état est déjà retourné.
Il cesse alors d'accuser son étoile.
Il réfléchit sur ce double attribut.
Un nouveau sort à ses yeux se dévoile.

De ses projets la vengeance est le but.
De son turban développant la toile,
Il fait deux parts de ces fruits enchantés,
Les distinguant selon leurs facultés ;
Et le cœur plein du plus heureux présage,
Rentre à Damas par le plus court chemin.
Il se déguise, il noircit son visage,
S'habille en Maure et s'en va le matin,
Près du palais, crier figues à vendre,
(Celles s'entend qui grandissent les nés.)
Il cria tant qu'il sut se faire entendre
Des pourvoyeurs : ils furent étonnés,
Pour la saison, de voir figue si mûre.
« C'est la primeur, dit-il, de ma culture,
« Et pour la Cour ces fruits sont destinés.
« Mais ils sont chers. » Qu'importe ! On les achette
Ce qu'il voulut. Tout fier de son emplette,

Le pourvoyeur croit en faire un cadeau
A la Sultane, à sa fille; il les range
Dans un panier. : « C'est, dit-il, fruit nouveau;
« Voyez, voyez. » Et l'une et l'autre en mange
Avidement et sans lever les yeux ;
Et les deux nez de croître à qui mieux mieux
A chaque figue, et de grandir de même.
Elles allaient avaler la troisième,
Tant l'appétit les pressait; toutes deux
En même-tems par hasard s'avisèrent;
Au même objet un même cri poussèrent ;
Du même effroi toutes deux reculèrent.
« Dieu ! quelle horreur et quelle trahison !
« Quels fruits maudits ! quel étrange poison ! »
Grande rumeur au Palais, grande alarme;
Que fera-t-on ? Le Sultan désolé
Conte son cas au Conseil assemblé.

Le pourvoyeur est près d'être empalé.
Mais quoi! le pal ne rompra point le charme.
Et le vendeur, où s'en est-il allé?
Où le trouver? Pendant tout ce vacarme
L'adroit Tangu fait de nouveaux apprêts.
Pour déguiser et son âge et ses traits,
Prend un habit, un nom de fantaisie,
Se dit Docteur venant d'Éthiopie,
Va se loger au Caravansérail.
La renommée a semé par la ville
L'événement qui trouble le sérail.
Tout Médecin, tout empirique habile,
De sa science étale l'attirail;
Mais vainement : ces nez d'épouvantail
Déconcertaient leur babil inutile.
Enfin le bruit se répand que Totile,
Grand Médecin de la Cour de Monû,

CHANT IV

Tout récemment à Damas est venu ;
Que nul secret pour lui n'est inconnu.
On fait venir le nouveau Thaumaturge.
« Tout votre mal n'est que dans les humeurs,
« Dit-il ; d'abord il faut que l'on vous purge
« Pour les chasser : j'ai vu de ces tumeurs.
« Rassurez-vous : cette longue excroissance
« Cède à mon art, mais non sans résistance.
« Je m'y connais ; c'est un mal très-aigu ;
« J'en ai guéri l'éléphant du Pégu.
« Même accident avait grossi sa trompe,
« Assez semblable alors à votre né,
« Et votre mal doit, si je ne me trompe,
« Par même cure être déraciné.
« Or l'éléphant est paisible et docile ;
« Et sur un sang non moins doux et tranquille,
« Mon spécifique agit très-puissamment ;

« Mais d'opérer sur un tempérament
« Bouillant et prompt, c'est chose difficile.
« Or, çà, voyons. » Il se met à genoux
Près de la Reine, et lui tâtant le pouls,
« Bon, bon, dit-il, ici rien ne m'arrête.
« Et la Princesse ?... » Et Félime lui prête
Sa belle main, douce sensation ;
Notez pourtant que dans cette action
Il ne sentit aucune émotion.
C'était bon signe : il secoua la tête.
« Je vois, dit-il d'un air de gravité,
« Dans ce pouls-là grande vivacité,
« Et ce n'est pas guérison toute prête ;
« Il s'en faut bien. » La Princesse à ces mots
Tremble, pâlit, et lui promet merveilles,
S'il veut du moins n'épargner soins ni veilles,
Pour l'affranchir du plus affreux des maux.

Totile avait gagné leur confiance ;
Et mère et fille admirait sa science
Et son jargon, ses phrases de Crispin.
Il ordonna des boulettes de pain
Pendant huit jours, et surtout à Félime
Il prescrivit le plus étroit régime,
Et protesta qu'en huit jours au plus tard
On connaîtrait le pouvoir de son art;
Terme bien long quand l'attente est bien vive.
Le dernier jour, lui-même il présenta
A la Sultane un lok qu'il apporta,
Et déguisant la figue curative,
La lui fit prendre, et le lok réussit,
Et de moitié le nez se raccourcit.
Imaginez la surprise et la joie !
La Reine en pleure et le Sultan bénit
L'Ange sauveur que le ciel leur envoie.

Mais quels transports, lorsque le jour d'après
Le second lok a le même succès,
Lorsque la cure en un mot se consomme,
Et que le nez rentre dans son état !
Chacun disait : « Non, ce n'est pas un homme,
« Non, c'est un Dieu. » Les Trésors de l'État
Lui sont offerts ; il les refuse : on presse,
Mais vainement. Cependant la Princesse
Se désolait : quel fut son désespoir
Quand il lui dit : « Je crois m'appercevoir
« Que tout mon art est sur vous sans pouvoir.
« Je l'avais craint. La Sultane est guérie
« Par mon remède, et voyez, je vous prie,
« S'il a produit sur vous le moindre effet.
« Il est bien clair qu'un obstacle secret
« Combat en vous la vertu bienfaisante,
« Et rend enfin ma science impuissante.

« Que voulez-vous? Je n'y peux rien. — O ciel!
(Dit la Princesse interdite, éplorée)
« Suis-je à ce point, hélas! désespérée!
« Me laissez-vous dans cet état cruel?
« Et savez-vous de quel rare salaire
« Je puis payer vos soins et vos efforts;
« Que dans mes mains je garde des trésors
« Bien au-dessus de ceux du Roi mon père?
« Je vous rendrai plus riche mille fois
« Que ne le sont ensemble tous les Rois. »
Elle promet la bourse inépuisable;
C'était beaucoup; mais que ne fait-on pas
Pour cesser d'être un monstre épouvantable?
Et quels trésors remplacent les appas?
Le Médecin rit et fait l'incrédule.
« Vraiment, dit-il, on promet sans scrupule
« Lorsque l'on veut guérir; mais après tout,

« Je veux tenter; j'y consens; jusqu'au bout
« Je pousserai cette pénible cure,
« Non pour de l'or, je n'en ai nul besoin,
« Mais par honneur, par affection pure. »
Pendant huit jours il redouble de soin
Près de Félime; après mainte grimace,
D'une moitié de nez la débarrasse.
« Je ne saurais, dit-il, aller plus loin ;
« De mes travaux c'est le dernier miracle.
« Quoi ! dit Félime, et pourquoi? quel obstacle
« Vous décourage et vous arrête ainsi,
« Quand vous avez à moitié réussi ?
« Hélas ! Seigneur, pourriez-vous bien ici
« M'abandonner sans espoir, sans ressource ? »
Et dans ses mains elle remet la bourse,
Et malgré lui le force à l'accepter.
« — Je vous l'ai dit, l'or ne peut me tenter,

« Je le méprise, et vous pouvez m'en croire.

« Je n'aime rien que mon art et sa gloire,

« Et je voudrais à toute heure, en tous lieux,

« En signaler les effets merveilleux.

« Je perds ici des instans précieux,

« Adieu. » Félime et supplie et conjure ;

« — Eh bien ! Seigneur, avec cette ceinture,

« En un moment vous pourrez parcourir

« Tous les pays. — Comment? — Je vous le jure

« Au nom du ciel : daignez, daignez guérir

« L'infortunée à vos pieds suppliante.

« Cet autre don que ma main vous présente

« (Elle tenait le cornet) est encor

« Pour un grand cœur un plus rare trésor,

« Il vous rendra le maître de la terre.

« Tout est à vous. Que votre art salutaire

« Sauve mes jours ; si vous saviez, hélas !

« Ce que je perds... Ma figure première
« Peut-être eût pu... J'avais quelques appas...
« Et si pour vous... » Elle n'acheva pas;
Elle rougit. Une beauté si fière
S'humilier et descendre si bas !
Femme qui pleure a, dit-on, bien des charmes,
Mais certains nez gâtent beaucoup les larmes;
Et de l'amour le tems était passé;
Par la vengeance il était remplacé.
Le fils d'Hanif était tendre et sensible;
Mais le grand nez le rendit inflexible.
Par complaisance il parut accepter
Les trois présens, et même encor douter
De leur vertu : cédant à la prière,
« Faisons, dit-il, une épreuve dernière.
« Ce remède est bien puissant, et pour voir
« S'il réussit, regardez au miroir.

CHANT IV

« Car à jamais vous aurez la figure
« Que vous verrez dans cette glace pure. »
Félime avale une figue, et c'était
Figue commune ; et pour en voir l'effet,
Elle regarde, et de douleur saisie,
Dit en poussant le cri le plus aigu :
« O ciel! Eh quoi ! j'aurai toute ma vie
« Un pied de nez ! — Oui, Madame, et Tangu
« Vous en répond : la vengeance est remplie,
« Elle était juste, et j'ai repris enfin
« Ce que m'ôta la fourbe et le larcin.
« Je n'ai qu'à dire un mot et vais détruire,
« Si je le veux, ce Palais, cet Empire ;
« Mais je ne dois punir ici que vous ;
« Ce châtiment suffit à mon courroux.
« Félime au moins ne sera plus friponne ;
« Avec ce nez l'on ne trompe personne.

« Adieu, Madame. » Il dit et disparaît,
Et la ceinture agissant à souhait,
Incontinent le porte en Tartarie.
Il y fonda, bien loin de sa patrie,
Un grand Etat, qui jusqu'à nous, dit-on,
Du fondateur a conservé le nom.
Il fit venir à la Cour son vieux père,
Qui de Tangu vit le règne prospère.
Tangu conduit par le sage vieillard,
N'abusa point de son cornet terrible,
Se contenta d'être craint et paisible ;
Aux malheureux de ses trésors fit part,
Remplit l'épargne et dota la misère ;
Et quand la mort termina la carrière
Du vieil Hanif, au même monument
Il déposa le triple Talisman,
Et l'enfouit bien avant sous la terre.

Il ne crut pas pouvoir trop le cacher;
Les curieux peuvent l'aller chercher.

Pour la Princesse à qui sa faute attire
Tel traitement, livrée aux noirs accès
D'un désespoir qui va jusqu'au délire,
Elle passa ses jours dans les regrets,
Et sans pouvoir, quoi que l'on pût lui dire,
Avec son nez s'accommoder jamais.

Ce châtiment est assez exemplaire;
On ne doit pas le trouver trop sévère.
Elle en fit trop, et sans doute elle eut tort.
Tromper trois fois! c'est beaucoup.—Les traîtresses!
Ah! j'en ai vu de ces enchanteresses,
Tromper dix fois, et qu'on aimait encor.

FIN DU QUATRIÈME ET DERNIER CHANT

Paris. — Typ. Morrenoz, 3½, rue du Dragon.

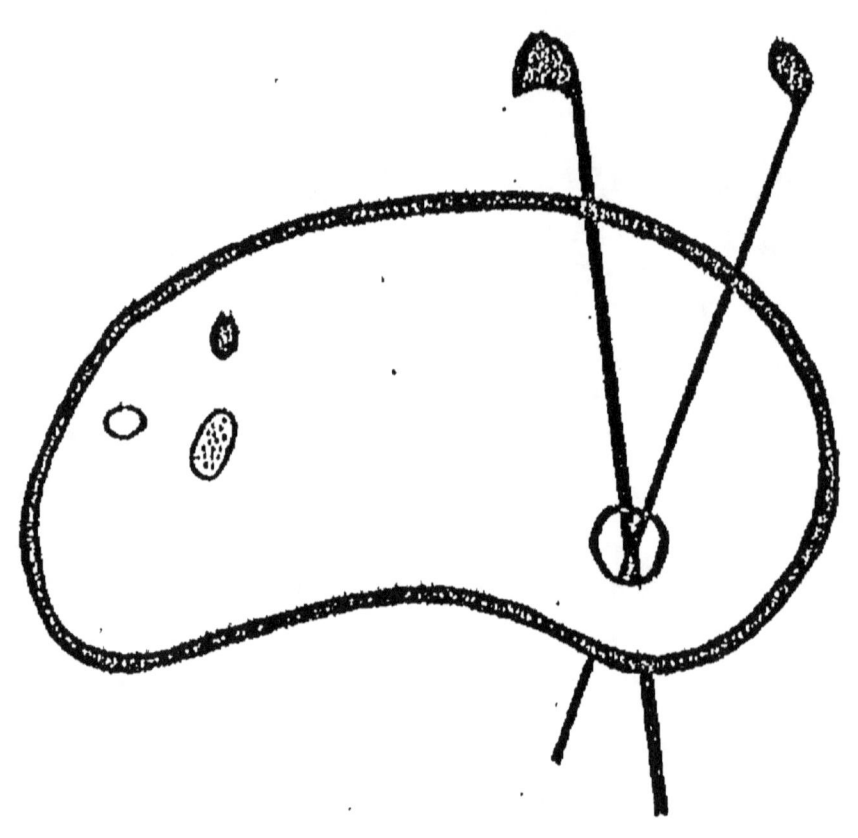

ORIGINAL EN COULEUR
NF Z 43-120-8

www.ingramcontent.com/pod-product-compliance
Lightning Source LLC
LaVergne TN
LVHW050619090426
835512LV00008B/1562